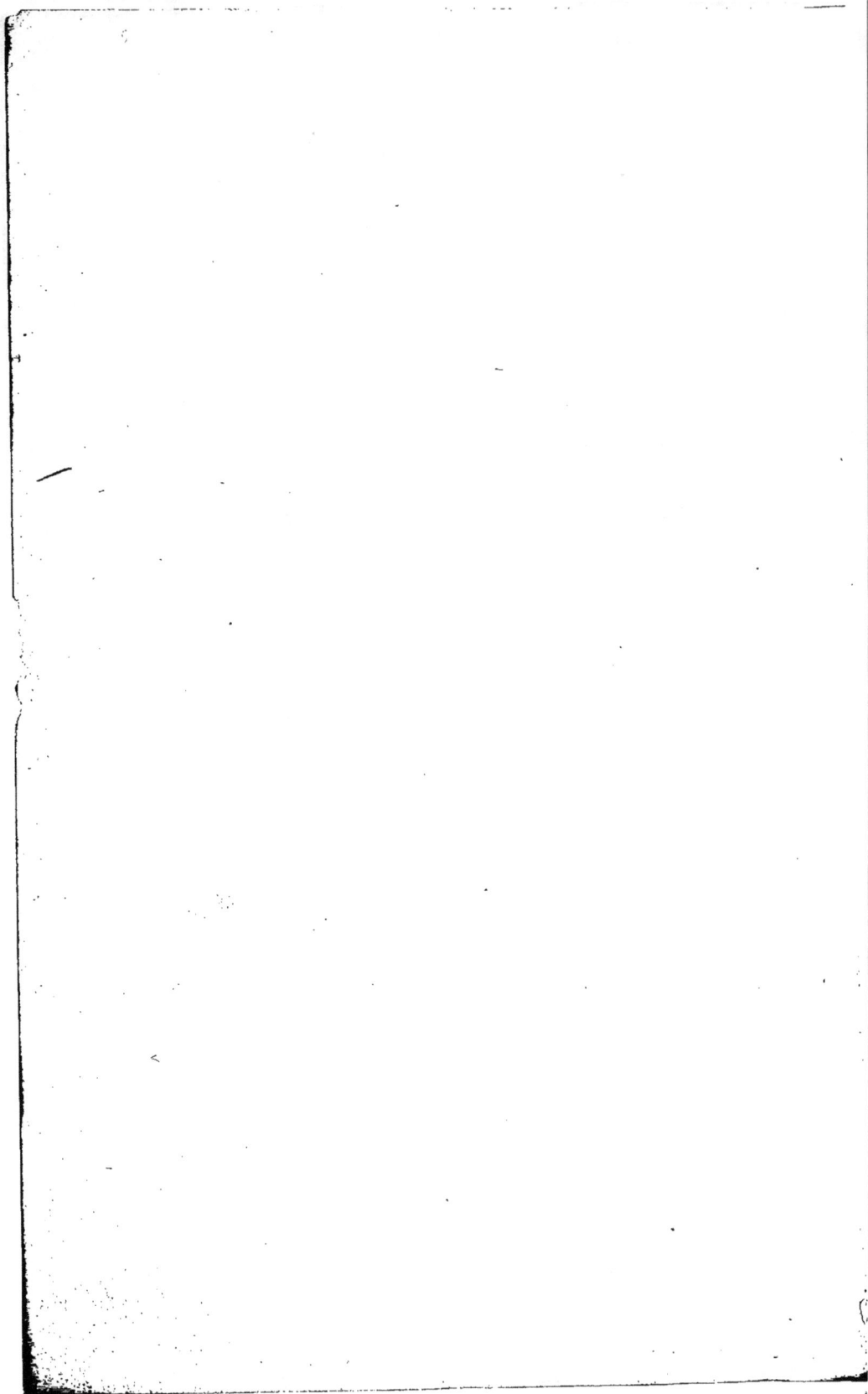

LA FÉODALITÉ; SON ORGANISATION, SES DROITS ET SON ORIGINE.

2ᵉ ARTICLE

SUR LES COUTUMES LOCALES DU BAILLIAGE D'AMIENS,

Rédigées en 1507, et publiées par M. A. BOUTHORS, *Greffier en chef de la Cour impériale d'Amiens, 2 vol. in-4°, Amiens, 1845-1853. (Comptes-rendus de* MM. TROPLONG *et* DUPIN; *article critique de* M. B. DE XIVREY.)

J'ai dit que la suite de ces études sur les *Coutumes locales du Bailliage d'Amiens* montrerait que, si je m'éloignais parfois du sentiment de M. Bouthors, il m'arrivait aussi de l'accepter de tous points, et qu'en tous cas je professais pour cette publication l'estime la plus haute et la plus méritée à mon sens. J'ai besoin de le rappeler. Le travail persévérant, malgré les découragements et les obstacles, la netteté du style, voilà des qualités de l'écrivain qu'on ne saurait assez louer. M. Bouthors a montré une vraie sagacité et une grande finesse d'esprit en appréciant les coutumes. Il a bien prouvé, comme l'a reconnu M. B. de Xivrey, que l'usage étrange de faire des procès aux animaux domestiques, de les condamner à des peines graduées suivant l'importance du dommage et des crimes dont ils étaient accusés, a son origine dans la loi de Moïse. Ainsi que l'a déclaré M. Dupin, le tableau des seigneurs laïcs et ecclésiastiques, qui occupaient le bailliage

1853

d'Amiens en 1507, est fondé sur une connaissance parfaite des lieux et forme une des portions les plus curieuses et les plus inattaquables de son honorable travail. M. Troplong a probablement raison de reporter l'origine du droit de lagan ou de naufrage jusqu'aux Romains plutôt que de l'attribuer aux invasions normandes et saxonnes ; M. B. de Xivrey n'a pas eu tort en remarquant que la confiscation seigneuriale des objets jetés à la côte, tout avantageuse qu'elle a pu être à la société, n'est au fond qu'une nouvelle rapine du droit féodal ; pourtant je suis tout porté à me ranger du côté de M. Bouthors contre M. Pardessus. Les seigneurs et les habitants ont joui, simultanément et pour ainsi dire de compte à demi, du droit de lagan ; l'intérêt du commerce maritime a fait décréter l'abolition des droits de bris et de naufrage ; les coutumes de Favières et de Bercq-sur-Mer enlèvent à l'ordonnance de 1543 l'honneur que M. Pardessus lui a fait d'avoir commencé à introduire un système plus doux dans la législation maritime ; enfin la confiscation seigneuriale des épaves maritimes, en constituant un monopole odieux en apparence, n'en marque pas moins un progrès dans l'histoire de la civilisation. L'exposition des faits que retrace M. Bouthors est donc exacte ; les explications qu'il en donne sont souvent pleines de finesse et de science ; mais les doctrines générales auxquelles on veut les faire servir de fondation ou qu'on cherche à en déduire comme conséquences paraissent exagérées et opposées à l'histoire. J'ai dû m'efforcer de le montrer relativement au prétendu servage de la ville d'Amiens et c'est ce que je suis réduit à établir par deux autres discussions. Cela me fait craindre de ne pas sembler rendre justice aux mérites de M. Bouthors, et je proteste d'avance contre cette apparence. J'affirme que j'ai pour eux l'estime la plus entière. Notre dissentiment vient de ce que

nous partons de principes différents et que nous arrivons à
des conséquences contraires. Il s'agit ici de la question des
origines, question qui, suivant l'observation de M. Troplong,
ne détourne l'esprit des calmes recherches de la science par
aucune préoccupation irritante. « Tel élément de notre droit
est-il celtique, est-il romain, est-il germanique? » Voilà tout.
Mais ces petites demandes sur l'origine du droit, aboutissent
aux plus importants problêmes de l'histoire de France, à la
féodalité et à la commune, par exemple. Or, comme le dit
encore M. Troplong, « l'origine saxonne ou germanique do-
mine dans l'ouvrage de M. Bouthors. » Ce système nous
paraît exagéré. Il a pourtant entraîné toute une école, qui
compte des hommes très éminents dans la science histo-
rique, parmi lesquels il suffit de nommer M. Aug. Thierry.
Après avoir fait un pareil aveu, un critique passe évidemment
de l'attaque des autres à la défense de lui-même.

Une série des travaux de M. Bouthors peut se rapporter à la
féodalité; une autre, à la ghilde et aux communes. Nous nous
occuperons d'abord de la féodalité telle que cet auteur l'a vue
dans ses études sur les *Coutumes du Bailliage d'Amiens* et
telle que nous la montre l'histoire de France.

Ainsi M. Bouthors pense que : « les prétendues usurpations
des seigneurs ont moins appauvri les églises que leurs libéra-
lités ne les ont enrichies. » (T. I, p. 235.) Il fonde sa thèse
sur quelques documents où des biens donnés à l'Église sont
qualifiés d'alleux, ce qui montre au plus que l'Église ne
possédait pas originairement toute l'étendue du comté d'A-
miens, point incontestable en soi; et aussi, sur les actes nom-
breux pris dans l'histoire de la Picardie au XIIe siècle et d'où
il appert que c'est pour se faire absoudre des énormités de
leur jeunesse que les hauts barons dotèrent tant d'abbayes

(p. 272) ; mais ailleurs il reconnaît : 1° qu'à la suite des invasions normandes, les abbayes et les diocèses avaient subi le joug d'un gouvernement séculier et avaient été administrés comme les grands fiefs (p. 268) ; 2° qu'en 986, lors de l'invasion d'Othon-le-Grand, deux chefs lorrains avaient usurpé l'abbaye de Corbie et s'en étaient intitulés comtes (p. 269). Ce fait particulier et cette assertion générale tendent à prouver que les usurpations des seigneurs ont été réelles ; même qu'introduits comme protecteurs, comme *avoués*, dans les possessions ecclésiastiques, ils s'en étaient rendus les seigneurs. C'est ce que démontre la quantité des réclamations faites par les conciles tenus avant et après ceux de Leptines (743) et de Soissons (745). Conséquemment les générosités du XIIe siècle peuvent n'être considérées que comme des expiations d'usurpations ou récentes ou anciennes. En fait, il n'est guère contestable que, dès Clovis, les évêques, défenseurs des cités et protecteurs des populations de loi romaine, c'est-à-dire les représentants des principes d'autorité, d'ordre et de civilisation contre l'individualisme germanique et la barbarie franque, n'aient été, avec l'appui des villes qui les élisaient et la concession des rois mérovingiens qui ne pouvaient gouverner sans eux, mis à la tête de l'immense majorité des cités et des bourgs, auxquels ils faisaient conférer le privilège de l'immunité ecclésiastique. Chilpéric ne s'écriait-il pas déjà : « Voici que notre fisc est demeuré pauvre; voici que nos richesses sont passées à l'Église ; les évêques seuls exercent réellement la puissance souveraine ; notre honneur a péri et a été transporté aux évêques des cités ! » (Grég. de T. VI, 46.) L'immense puissance du clergé sous les Mérovingiens avait surtout pour cause le refuge que les populations trouvaient sous la protection de la loi romaine et de l'Église. Ce n'a été que par le morcellement de la centralisation royale, comme par l'usurpation des possessions ecclésiastiques, que les barons francs ont pu fonder leurs domaines. L'opinion émise par M. Bouthors touchait donc à l'origine de la féodalité.

Une autre a rapport à la décadence de cette forme sociale : « On est étonné, dit l'auteur, du nombre de procès que les abbayes ont à soutenir et de la faveur qui s'attachait à leur cause lorsqu'elles avaient des laïques pour adversaires ; mais cette multitude de procès qui marque la période du XIII siècle était la conséquence de la multitude de donations et d'aumônes qui avaient marqué la période du XII siècle » (p. 266.) L'explication n'est pas suffisante. Ces donations et ces aumônes n'étaient venues ordinairement que réparer des incendies et des pillages, où le nombre des bestiaux enlevés montait parfois à plusieurs milliers. En les donnant, les barons s'étaient réservé le droit de terrage ou de champart, et ce droit avait été une nouvelle occasion de violences entre eux et l'Église ; car celle-ci défrichait, travaillait et donnait aux terres naguères incultes une valeur tentante pour l'avidité des seigneurs. De là les procès (p. 274 et 275), et, s'ils sont plus fréquents à partir du XIII siècle, c'est d'autre part que la paix s'impose à mesure que se relève la centralisation ; c'est que saint Louis veut que le jugement par preuve écrite soit substitué au duel judiciaire, et qu'il a la force de se faire obéir ; c'est que, progressivement et dans toute la France, la coutume est remplacée par des conventions écrites où l'on restaure autant que possible le droit romain ; c'est que partout les tribunaux du roi veulent empêcher et châtier, comme une rébellion, la cupidité qui recourt à la force.

D'autres propositions ont trait à ce que fut la féodalité et paraissent également éloignées de l'explication qu'on en doit donner. Pour ces dissidences, il y a une cause autre que l'exagération du germanisme : c'est le point de vue où se sont placés les légistes qui ont parlé de la féodalité. Nous y reviendrons. En attendant, nous nous bornerons à discuter quelques-unes des pensées de M. Bouthors.

« La féodalité a eu cela de particulier qu'elle fut moins une révolution dans l'état des personnes qu'une transformation dans la nature des biens » (p. 235.) Cette thèse est fondée sur l'usage de la recommandation ; en cela, elle est vraie ; mais la condition des personnes suivait celle des biens. Si donc la nature des biens changeait, celle des personnes se transformait également. Quand un propriétaire d'alleu livrait son bien à un suzerain qui le lui rendait à titre de fief, il est clair que sa condition n'était plus la même qu'auparavant. L'isolement avait fait place à des obligations réciproques. Le propriétaire indépendant s'était métamorphosé en possesseur vassal soumis à des conditions : il avait obtenu la protection d'un suzerain pour lui-même et ses descendants ; mais il était devenu l'homme de ce protecteur et lui devait ses services et sa fidélité.

« Les possesseurs de fiefs qui n'avaient pas eu pour cause une libéralité du suzerain au vassal, étaient les seuls qui pussent, sans se rendre coupables de désaveu et sans encourir la déchéance de leurs fiefs, avouer un autre seigneur que celui dont ils tenaient la concession. » (p. 238.) Sans doute ce devait être la règle et même avec plus de rigueur ; car, puisque les obligations de la féodalité existaient pour le suzerain comme pour le vassal, il s'en suivait que l'aveu une fois conclu ne pouvait jamais en droit cesser sans le consentement des deux parties. Mais nous savons que, en fait, des possesseurs de fiefs qui n'avaient rien de l'origine allodiale se sont peu gênés à cet égard, lorsqu'ils le pouvaient ; par exemple, les fils de Henri II Plantagenet qui ont transporté leur hommage, de leur père au roi de France ; et il ne suffit pas que des actes existent, témoignant qu'un vassal a changé de suzerain, pour qu'on en admette que ce vassal n'ait, en le faisant, violé aucun droit.

« Tout fief dispensé de l'hommage est nécessairement roturier. » (p. 247.) Il en faut excepter au moins les fiefs dont les possesseurs se croyaient assez forts pour ne relever de personne : ainsi Philippe-Auguste refuse de rendre hommage à l'évêque d'Amiens ; ainsi les grands vassaux de France et de l'étranger remplissent l'histoire de leurs orgueilleuses prétentions à cet égard.

« L'inféodation était un acte essentiellement gratuit de sa nature et qui alors, comme chacun sait, se résumait en un droit purement honorifique. » (p. 273.) Ce qui précède montre que nous sommes d'un avis diamétralement opposé. Lorsque l'Église inféodait des domaines aux guerriers qui se dévouaient à la défendre, n'était-ce pas pour ce motif même qu'elle les inféodait ? Quand le vicomte Bernard-Aton a repris Carcassonne, en 1125, s'il donne à seize gentilshommes les tours et les maisons qu'il avait confisquées, c'est à condition que ces donataires feront guet et garde dans la ville, les uns quatre, les autres huit mois de l'année, et qu'ils y résideront avec leurs familles et leurs vassaux durant tout ce temps. Il n'y a pas eu d'inféodation faite à titre gratuit.

« Le gouvernement féodal a été l'image du gouvernement de la famille. Les rapports de protection et de service qui s'établirent entre le seigneur et le sujet furent la continuation des rapports de clientèle et de patronage qui avaient existé précédemment entre les chefs et les membres de la tribu

barbare, et celle-ci n'était elle-même qu'une famille composée de plusieurs familles, sorties de la même souche et réunies par un intérêt commun. » (p. 451.) Ce germanisme exagéré oublie que l'immense majorité de la population française avait une civilisation et une origine gallo-romaines.

« La société féodale, vers le milieu du XIIe siècle, était partout organisée sinon régie d'une façon uniforme... Partout la marque distinctive de la baronnie était d'avoir d'ancienneté forêt, église collégiale, abbaye ou prieuré conventuel, etc. » (p. 275.) Si de là on veut inférer que la société féodale a, un jour, formé en France une hiérarchie régulière, on se trompe. « En fait, jamais cette organisation ne fut réelle ni efficace ; « jamais la féodalité ne put tirer de son sein un principe « d'ordre et d'unité suffisant pour en faire une société géné- « rale ou tant soit peu régulière. » (Guizot, 5e leçon, cours de 1829 à 1830.) Les *Coutumes générales et particulières de France*, il est vrai, contiennent des règles à peu près semblables à celles qui sont indiquées ici et qu'ont ailleurs reproduites les légistes ; mais ces coutumes ont été rédigées à une époque où la féodalité, déjà mourante, laissait à la royauté qui se relevait un pouvoir assez fort pour lui imposer une apparente organisation.

Rien d'ailleurs ne peut mieux indiquer l'extrême confusion de l'époque féodale que l'inutilité des efforts faits par les légistes pour en expliquer les relations dans le sens de la hiérarchie. M. Troplong est à la tête de la jurisprudence ainsi que M. Dupin : ils n'ont rien trouvé à redire à la *Théorie des prestations féodales*. M. Bouthors est un esprit très sagace, un homme d'un mérite distingué ; il a mis tous ses soins à cette étude des prestations ; eh bien, elle prouve surtout qu'il n'y a pas eu de règles fixes dans la féodalité.

Nous grouperons d'abord quelques principes afin d'en mieux comprendre la portée et l'ensemble.

« Les services de l'homme libre et les prestations du sujet s'enchaînent et se combinent de telle sorte qu'ils marquent et la hiérarchie du pouvoir et la nature de la possession et l'état des personnes. La prestation censuelle, par cela même qu'elle est une tradition de la servitude, ne permet pas à celui qui la paie de prétendre jamais à l'état et aux prérogatives de la noblesse ; le seigneur peut alléger et même briser les chaînes de ses esclaves, mais l'affranchissement ne leur communique qu'une liberté qui meurt avec eux, et il reste toujours au front de leurs enfants quelque marque apparente, quelque signe extérieur de la tache originelle. Ce signe consiste dans une espèce de cens que le sujet paie au seigneur dans certaines circonstances solennelles, comme le mariage et la mort : le *mariage*, parce que celui qui le contracte va former une nouvelle famille ; la *mort*, parce qu'elle donne ouverture aux droits de mutation que le seigneur peut exiger, de sorte que le relief payé par l'héritier n'est pas seulement le rachat du domaine, il est aussi le rachat de la liberté que vient de délaisser l'affranchi auquel il succède. (p. 452.) — Le relief était un cens recognitif de la condition des personnes. (p. 469.) Il signifie que celui qui l'accomplit, s'il est ingénu, n'a plus toute sa liberté, et, s'il est affranchi, qu'il ne l'a pas récupérée toute entière. (p 474.) — De ce que les lois barbares ne font point mention du mortuarium et de ce que les monuments nous le montrent devenant de plus en plus favorable au censitaire, nous tirons la conséquence que ce droit , comme le maritagium, a eu pour cause l'adoucissement et l'affranchissement de la servitude. (p. 472.) — Aucune prestation ne dénote mieux l'origine servile des censitaires que les prestations payées en

argent. Cette prestation remontait aux temps les plus reculés
parce que l'argent représentait l'indemnité du travail dont le
maître se privait par l'affranchissement de son esclave. (p. 466.)
Le cens en argent venu beaucoup plus tard que les autres a fini
par les remplacer tous. (p. 456.) — Un couteau, une livre de
poivre, un peigne, une paire de chausses, indiquaient l'origine
roturière de la concession. (p. 244.)— Ainsi le cens personnel,
le maritagium, le relief de succession (mortuarium), le relief
de bourgeoisie, se référaient à la condition des personnes, et,
dans les villes où la liberté des citoyens était le mieux garan-
tie, ces prestations n'étaient autre chose que la reconnaissance
implicite du contrat d'affranchissement. (p. 476). »

Ces principes amènent à la conséquence qu'à une époque,
inconnue à l'histoire, l'esclavage a été imposé à la population
de la Gaule par une race conquérante qui, peu à peu, l'aurait
affranchie en lui faisant payer des censives pour prix de sa
liberté et comme indemnité du dommage que l'affranchissement aurait sans cela causé aux seigneurs. Nous ne nous arrê-
terons pas à examiner jusqu'à quel point cette hypothèse peut
être plus vraie pour la Picardie que pour Amiens, que pour
les autres portions de la Gaule. L'espace nous manquerait.
Nous remarquerons seulement que, si ces droits sont une reconnaissance implicite du contrat d'affranchissement, ils ne
doivent avoir été acquittés que par des fils d'affranchis. Or
M. Bouthors admet ce qui suit : le mortuarium, qu'il confond
avec le relief, le maritagium et quelquefois les corvées de la
nature la plus humiliante sont exigibles du vassal comme du
serf affranchi. (p. 473.) Il s'ensuivrait, les grands vassaux
payant au roi des prestations semblables à celles qu'eux-mêmes
recevaient de leurs propres vassaux, que les grands vassaux
auraient été eux-mêmes des esclaves primitivement affranchis :

cette prétention, dont les bases n'ont pu être inventées que par les légistes, aurait fait bondir d'indignation toute la féodalité. — Les anciens aveux et dénombrements témoignent que les prestations de gants, d'aiguillettes, de chausses, de peignes, de verres étaient aussi souvent payées par des possesseurs de fiefs que par des censitaires. (p. 460.) Il en est de même de toute prestation : fruits, fleurs, cires, bestiaux, habits, meubles et argent. Oui, l'argent lui-même n'était pas plus une prestation servile que les autres, puisqu'elle a fini par les remplacer toutes. Le même impôt est d'ailleurs acquitté ici en denrée, là en argent, et réciproquement. Enfin l'argent dénote si peu une origine servile qu'on s'en sert dans les coutumes pour indiquer le mode de tenure : le fief en pairie paie x livres de relief ; en plein hommage, il paie lx sols ; s'il donne moins, il est considéré comme roturier, règle fausse puisqu'il pouvait encore continuer d'être tenu noblement. (p. 241 et 243.) Sans doute la censive comme la corvée, le relief comme le service indiquaient l'infériorité de ceux qui les devaient à l'égard de ceux auxquels ils étaient dus ; le plus souvent même on s'efforçait de les rendre aussi peu pénibles que possible ; mais les prestations ne fixaient pas rigoureusement le rang qu'on occupait dans la prétendue hiérarchie féodale.

D'ailleurs M. Bouthors arrive à la conclusion suivante : « A côté du servage forcé, n'y avait-il pas le servage volontaire qui assimilait le gentilhomme au vilain et l'homme libre au sujet, au point qu'il est souvent difficile de déterminer par le seul rapport des prestations, la ligne qui séparait ces deux classes de personnes? Le vasselage n'avait-il pas tous les caractères d'un pacte de famille, d'une adoption politique et, par les devoirs qu'il imposait, toutes les apparences de la servitude ? » (p. 473.) Voilà un retour à la vérité et en même temps un effort pour la concilier avec un système erroné. Il y faut constater d'abord la négation complète de la théorie d'après laquelle toute prestation seigneuriale a une signification particulière et n'était autre chose que la reconnaissance implicite du contrat d'affranchissement. Le reste doit être discuté. Oui, le vassal passe dans la maison d'un seigneur pour le servir soit à la guerre soit à sa cour ; il est reçu dans sa foi, il est enrôlé parmi ses fidèles et est indemnisé de ses services ; mais les rémunérations diffèrent peu soit par leur nature ou suivant la condition de ceux qui le reçoivent ; mais les services domestiques, regardés par les Romains et par les barbares comme d'autant plus nobles que la personne à laquelle on les rend est plus élevée en dignité, ne peuvent pas être assimilés à un servage et ne sauraient entraîner aucune des conséquences qu'aurait eues un esclavage originel.

En examinant l'ouvrage dont nous nous occupons, M. Troplong avait dit au sujet du mortuarium exigé des habitants par l'évêque d'Amiens : « Ce droit se rattache moins à la servitude de la personne qu'à la dépendance de la propriété... C'est un droit féodal qui se manifeste à chaque mutation... pèse sur la propriété noble comme sur la propriété roturière. » Plus loin, rencontrant la mutation entre vifs, le droit de vente sur les biens roturiers, M. Troplong avait fait une autre remarque qui explique et confirme la première. « Ce droit découle, comme le relief, de la supériorité du seigneur, source de la propriété... Le nouvel acquéreur a besoin d'être accepté, puis d'être ensaisiné, de recevoir l'investiture du fief, ou le vest du domaine roturier, et pour cela doit payer une nouvelle somme au suzerain. » Avec ces principes, nous rentrons tout à fait dans le vrai. Nous en pourrions même tirer toute l'explication de la féodalité.

Primitivement le fief avait été une solde en terre que les rois, perdant leur mobilité de chefs de bandes après l'établissement des Francs dans un pays où existait la propriété terrienne, avaient distribuée à leurs fidèles pour leur tenir lieu de la part d'un pillage incompatible désormais avec la vie sédentaire qu'ils devaient mener. Cette donation avait été faite à condition de service et de fidélité, c'est-à-dire à titre précaire. Tous les alleux, par la recommandation ou par les chances des événements publics, s'étant transformés en fiefs, bien que l'on continuât à les appeler quelquefois alleux, furent tenus aux mêmes conditions fondamentales. Progressivement il n'y eut plus de propriété réelle entre le Rhin et les Pyrénées ; mais bien une possession précaire qui, de suzerain en suzerain, remontait jusqu'au chef-seigneur qui était le roi. Or, cette possession n'avait lieu qu'à des conditions de service et de fidélité, conditions dont chaque nouveau possesseur, héritier ou acquéreur, était forcé de jurer l'observation. Aucun suzerain ne devait admettre que la possession fût tenue à des conditions autres qu'elle n'avait été créée, ni qu'elle pût, par un mariage ou par une convention, passer dans des mains hostiles et tourner conséquemment au préjudice des représentants du donateur primitif. Voilà l'explication de la propriété féodale.

Quant au système politique de la féodalité, il était né de la confusion des idées de propriété et de souveraineté, du mélange des coutumes romaines et germaniques et s'était constitué non-seulement par l'hérédité des fiefs, mais aussi par celle des charges. C'était donc un démembrement de l'autorité, un morcellement de la centralisation romaine. Les seigneurs qui, au point de vue germanique, n'avaient fait que maintenir leur droit de propriétaires libres, avaient, au point de vue romain, usurpé ceux du gouvernement ou les droits régaliens. Ils avaient détourné à leur profit les services publics qu'ils avaient fait entrer dans leur domaine et y avaient trouvé des sources de revenus. Néanmoins, d'après les idées romaines, la base de leur puissance n'avait jamais été solide, réelle ni légitime ; ils n'avaient possédé qu'à titre précaire les fiefs et les charges. Le traité de Kierzy-sur-Oise lui-même, cette charte de la féodalité française, tout en exigeant que le roi garantît l'hérédité des bénéfices, des charges et des honneurs, en échange de l'hérédité assurée à la puissance royale, n'avait pas dépassé les limites du précaire, puisqu'il avait reconnu que l'hérédité ne pouvait avoir lieu qu'à la condition de l'investiture obtenue du roi. Ces possessions héréditaires étaient donc restées soumises, au moins théoriquement, aux conditions primitives qui les laissaient précaires. Telle est l'origine de toutes les obligations réciproques des suzerains et des vassaux, de toute la jurisprudence féodale. Le droit cependant pouvait sommeiller quelque temps, quelques siècles ; mais, dès qu'il aurait la force de se faire valoir, il se réveillerait, et c'est ce qui eut lieu. Le roi devenu le chef-seigneur au XIIIᵉ siècle put à son tour mettre à son profit tous les droits préservatifs de la suzeraineté qu'avaient inventés les grands barons au jour de leur puissance contre les petits, et il s'en servit pour réaliser, par des moyens féodaux, en rapport avec l'état de la société, la tradition de l'autorité impériale romaine, la centralisation du gouvernement.

Dans ce long travail, les légistes ont été les instruments les plus dévoués de la royauté. En parlant du droit coutumier, M. Troplong observe qu'ils refusèrent à la coutume la puissance légale ; ils lui reconnurent *vim pacti non vim legis*. Ils établirent aussi cet axiôme *contra jus regis et bonum pu-*

si non valet consuetudo. Mais, comme les légistes étaient des gens adroits, pour ne pas dire retors ; comme ils voulaient, avec raison, ruiner la féodalité sans créer des embarras au trône, ils essayèrent, en faisant rédiger ces coutumes, vagues jusqu'alors, d'y introduire le plus possible l'élément romain ; ils inventorièrent la féodalité telle qu'elle existait à la fin du moyen-âge et, ce cahos, ils tentèrent de le régulariser avec l'appui de la force qu'ils avaient à leur disposition; ils colorèrent les relations féodales comme ils croyaient que l'intérêt du souverain exigeait qu'elles parussent avoir été auparavant afin qu'elles le devinssent désormais. De là sont nés les axiômes dont l'emprunt fait aux feudistes a entraîné dans des erreurs plus d'une intelligence lucide et savante.

Enfin, qu'elle qu'ait été la popularité de la féodalité au IXe siècle, popularité qui avait sa source dans l'impuissance où une royauté ruinée se trouvait par rapport à la protection d'un territoire qu'attaquaient des invasions aussi partielles qu'incessantes, et dans la nécessité d'avoir à la tête de chaque canton un chef toujours présent et toujours capable d'en prendre la défense ; la féodalité, dont la hiérarchie a été constituée à coups de sabre, n'a été plaisante ni agréable, douce ni paternelle.

J. BELIN-DE LAUNAY,

Membre honoraire de l'Académie de Reims, et titulaire de l'Académie de la Somme.

(Extrait de LA PICARDIE, *Revue littéraire et scientifique*, n° du 15 Août 1855.)

AMIENS. — IMP. DE LENOEL-HEROUART.

www.ingramcontent.com/pod-product-compliance
Lightning Source LLC
Chambersburg PA
CBHW061806040426
42447CB00011B/2503